Wer hat schon den idealen Body? Vor allem die berühmten »Problemzonen« machen Frauen zu schaffen: zu viel Bauch, dicke Oberschenkel, Wabbelpo. Tun Sie doch einfach was dagegen! Gezielte Fatburner-Gymnastik läßt die Pölsterchen schmelzen und macht das Gewebe straffer. Ernährung, Hautpflege, Massage und Walken – wer weiß, was guttut, hat alle Trümpfe in der Hand. Letztlich profitiert nicht nur die Figur von einem Fitneß- und Schönheitsprogramm, sondern auch das Selbstbewußtsein. Wir zeigen Ihnen, wie Sie mit relativ geringem Aufwand viel erreichen können. Und Spaß macht es auch!

Inhalt

Schöne straffe Beine

Ein knackiger Po

Schnell top in Form

Kleiner Aufwand – große Wirkung

Keine Zeit für Fitneß? Diese Ausrede zählt nicht mehr. Schon 10 Minuten tägliches Body-Workout strafft Bauch, Beine und Po. Das Richtige zu essen, verstärkt die Wirkung. Für den »letzten Schliff« gibt's dann gezielte Fatburner-Übungen.

Straff & fest

sieht jede Figur gleich besser aus

Jeder kennt es: Die Lieblingsjeans zwickt. Wir mustern Bauch, Beine, Po vor dem Spiegel. Immer sind es diese Stellen, die wir zu ausladend, zu rund, zu üppig und zu weich finden. Die Waage gibt uns dann den Rest …
Mit dem richtigen Fatburning-Programm und einem kritischen Blick auf die Ernährung gehen Sie Ihren Problemzonen an den Speck. Aber bloß nicht übertreiben! Etwas weibliche Rundung darf ja sein – nur straff und knackig soll sie werden.

Mäßig, aber regelmäßig

Kein schlauchender Intensiv-Sport ist nötig, sondern gezielte Übungen für bestimmte Muskelgruppen. Mit dem gesteigerten Energieverbrauch wird genau an den richtigen Stellen Fett abgebaut; die Muskelarbeit trägt zur Festigung des Bindegewebes und zur Glättung der Haut bei.
Aber: Lieber regelmäßig kurz trainieren als selten exzessiv. Muskeln mögen's eher langsam. Täglich zehn Minuten reichen zwar, um Fettpolster in Muskeln umzuwandeln. Die Silhouette zu verändern, erfordert etwas mehr Zeit und Geduld.

info:

Muskelprotz, nein danke!

Durch Training dicke Muskelpakete zu bekommen, müssen Sie nicht befürchten. Das ist schon biologisch kaum möglich, weil Frauen das Hormon fehlt, das Muskeln aufplustert. Mit Dehnübungen streckt man die gerade gekräftigte Partie ordentlich durch. Das zieht den Muskel in die Länge und durchblutet ihn optimal. Der Body wird straff und durchtrainiert, aber nicht muskulös.

Wann, wo, womit üben?

- Die Tageszeit spielt keine Rolle – Hauptsache, Sie tun's!
- Lieber zu Hause für sich zu üben oder aber sich vom Sportsgeist der anderen im Fitneßstudio (Seite 42) anstecken zu lassen, ist eine Typ- und nicht zuletzt auch eine Preisfrage. Für die Wirksamkeit der Übungen spielt es keine Rolle. Viel wichtiger ist es, diese so zu kombinieren, daß jede Muskelgruppe ausreichend gefordert wird.
- Um Abwechslung ins tägliche Training zu bringen, können Sie verschiedene Fitmacher in Ihr tägliches Programm einbauen. Kleine Gewichte und Aerobic-Manschetten um die Fußgelenke intensivieren die Übungen.
- Vielseitig anwendbar sind Rubberbänder, die zusammengeknotet werden, oder sogenannte Tubings, Gummischläuche mit Griffen an den Enden. Man arbeitet jeweils gegen den Widerstand des Materials (Seite 30).

Kilo runter, Laune rauf

Richtig ernährt schlank und fit

Das Falsche zu essen, ist ein sicherer Weg zum Figurproblem. Hat der Körper zudem wenig Bewegung, baut er Muskeln ab und lagert erst recht Fett ein. Darunter leidet nicht nur die Figur, sondern auch die gute Laune. Der Kampf gegen die Pfunde beginnt. Immer neue Diäten sind oft der Einstieg in eine »dicke Karriere«. Schuld daran ist der Jojo-Effekt. Während der Hungerkur schaltet der Organismus auf Sparflamme. Nach der Diät bunkert er Vorräte für weitere »Dürreperioden«. Mit dem Resultat, daß die Fettzellen praller gefüllt sind denn je. Schlank wird und bleibt man nur durch eine gesunde, ausgewogene Ernährung.
Und was heißt das? Von allem etwas essen und von keinem zuviel.

Fett macht fett

Das oberste Gebot für eine schlanke Linie lautet: Mit Fett, Zucker und Weißmehlprodukten sparen!
Wer pro Tag nur 10 g Fett einspart (= 1 Eßl. Butter), verliert übers Jahr 4,7 kg an Gewicht. Auf maximal 80 g pro Tag sollte man den Dickmacher reduzieren. Inklusive der versteckten Fette in Wurst, Käse, Fleisch, Schokolade, Torten, Sahnesoßen …
Dabei ist gerade die Kombination aus Fett und sogenannten »leeren« Kohlenhydraten wie raffinierter Zucker eine teuflische Figur-Falle. Die Zuckermoleküle lassen den Insulinspiegel im Blut rapide ansteigen. Dieses Hormon wiederum steuert eine vermehrte Fetteinlagerung, wenn zuviel Kohlenhydrate gegessen werden.

Gut gegessen ist halb gewonnen

Schlank mit Ballaststoffen

Als echte Schlankmacher wirken Ballaststoffe. Dafür

info:

CHECKEN SIE IHR IDEALGEWICHT NACH DEM BODY-MASS-INDEX

So errechnen Sie, ob Sie Übergewicht haben:

$$\text{BMI} = \frac{\text{Körpergewicht in kg}}{\text{Körpergröße in Meter} \times \text{Körpergröße in Meter}}$$

Wenn Sie zum Beispiel 1,70 Meter groß sind und 65 Kilo wiegen, sieht die Rechnung so aus: 65 : (1,7 x 1,7) = 22,5

BMI unter 19 = Untergewicht
BMI 19 bis 25 = Normalgewicht
BMI 25 bis 30 = leichtes Übergewicht
BMI über 31 = starkes Übergewicht

stehen sie viel zu selten auf dem Speiseplan. Weil sie die Verdauung aktivieren, kommen sie der Figur zugute, da der Bauch schön flach bleibt. Außerdem machen Ballaststoffe schneller und länger satt. Reichlich enthalten sind sie in Vollkornbrot, Rohkost und Hülsenfrüchten.

Kohlenhydrate sind Energiebündel

Früher waren sie als Dickmacher verpönt. Stimmt aber nicht. Kohlenhydrate sind Fitmacher, weil sie die Muskeln mit der nötigen Energie versorgen.
Für eine gesunde Ernährung sind speziell Reis, Nudeln, Kartoffeln, Hülsenfrüchte, Vollkornbrot, Obst und Gemüse zu empfehlen. Sie enthalten langkettige Kohlenhydrate – im Gegensatz zu den einkettigen im Zucker gehen sie langsam, aber kontinuierlich ins Blut. Das hält den Blutzuckerspiegel konstant, der Körper bleibt länger fit und satt.

Abwechslung ist die Devise – beim Essen wie beim Body-Workout. Dann macht's Spaß.

Eiweiß gibt Muskeln Power

Für alle menschlichen Zellen ist Eiweiß (Protein) der Grundbaustoff. Auch für die Muskeln ist es unentbehrlich. Essen Sie statt Fleisch lieber mehr pflanzliche Proteine in Getreideprodukten, Hülsenfrüchten, Kartoffeln. Ei und Milchprodukte sind ebenfalls wertvolle Eiweißlieferanten.

Vitamine und Mineralien liefern Zündstoff

Durch Vitamine kommt der Stoffwechsel auf Trab. Die 13 wichtigsten sind vorwiegend in Obst und Gemüse enthalten. Als Zellschützer gelten die Vitamine C, E und Betacarotin, weil sie Freie Radikale abfangen (Moleküle, die Zellen schädigen können). Für die Figur spielt neben den Mineralien Magnesium, Jod, Chrom und Selen das Vitamin C die Hauptrolle, da es die Fettverbrennung ankurbelt. Viel Vitamin C enthalten zum Beispiel schwarze Johannisbeere, Kiwi, Papaya, Zitrusfrüchte, Paprika.

Move Your Body

Andere Eßgewohnheiten können zwar Kilos schwinden lassen. Aber schneller und gesünder geht es, wenn Sie zusätzlich Sport treiben. Durch die Bewegung werden mehr Kalorien verbraucht und der Stoffwechsel kommt in Schwung. Das bedeutet: Auch wenn Sie gerade nicht sporteln, ist der Kalorienverbrauch, der sogenannte Energieumsatz, erhöht. Das Idealgewicht rückt näher.

Fit in 10 Minuten

Kurzprogramm für Eilige

Wieder mal im Totalstreß? Häufig auf Reisen? Da bleibt oft einfach nicht genug Zeit oder Ruhe für ein ausgiebiges Training. Kein Problem. Mit unserem Schnell-Fit-Programm schaffen Sie es in nur zehn Minuten, Ihre Problemzonen zu mobilisieren (Seite 5).
Führen Sie die Übungen sorgfältig und konzentriert durch. Sie werden sehen, der kleine Aufwand lohnt sich!

tip:

DER RICHTIGE MOMENT

Wenn Sie den richtigen Trainings-Zeitpunkt herausfinden, dann werden die Übungen leichter zur Routine. Energie-Kick am Morgen oder Streßabbau am Feierabend – was brauchen Sie?

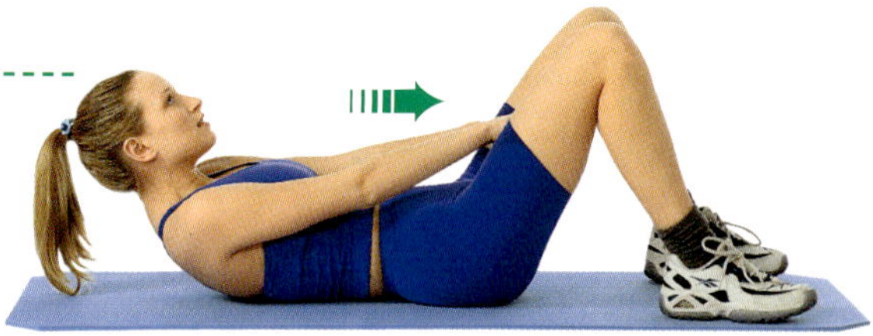

3 Minuten Bauch

Gerade Bauchmuskulatur

- Sie liegen auf dem Rükken, die Beine sind rechtwinklig aufgestellt. Blick nach oben.
- Führen Sie die ausgestreckten Arme nach vorn zwischen den Beinen durch – so weit, daß die Schultern dabei vom Boden abheben. Ziehen Sie die Bauchmuskeln fest zusammen, kurz halten. Beim Aufrichten ausatmen.

⏲ 10 Wiederholungen, dann erst die Schultern am Boden ablegen. Pause.

Schräge Bauchmuskulatur

- Der Übungsablauf bleibt genau gleich. Nur daß Sie diesmal beide Arme nicht zwischen den Beinen, sondern seitlich daran vorbei nach vorne führen, während sich die Bauchmuskeln fest anspannen.

⏲ 10mal zur linken Seite. Dann Schultern ablegen, kurz ausruhen.

⏲ Zur rechten Seite ebenfalls 10 Wiederholungen.

Bei allen Übungen ist die richtige Atmung wichtig. Mehr dazu auf Seite 13.

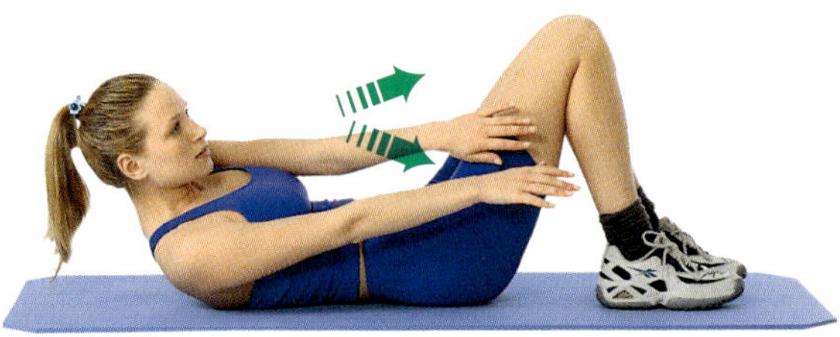

6 Minuten Beine

Äußerer Oberschenkel

● Legen Sie sich auf die Seite. Das untere Bein nach hinten anwinkeln. Auf dem entsprechenden Unterarm seitlich aufstützen. Mit dem anderen Arm stützen Sie sich mit der Handfläche quer vor dem Körper ab.

● Das obere, gestreckte Bein langsam heben und senken. Dabei nie ganz ablegen. Das Knie durchgestreckt lassen.

🕒 3mal 10 Wiederholungen mit kurzer Pause.

Innerer Oberschenkel

● Seitenlage und Armhaltung beibehalten. Strecken Sie diesmal das untere Bein aus. Das obere Bein stellen Sie davor auf, in Höhe des anderen Oberschenkels.

● Das untere Bein gestreckt heben und senken. Wichtig: Wirklich ganz auf der Seite liegen und sich weder vor- noch zurücklehnen.

🕒 3mal 10 Wiederholungen, anschließend ausruhen. Dann machen Sie beide Übungen zur anderen Seite.

1 Minute Po

● Legen Sie sich wieder auf den Rücken. Beide Beine anwinkeln. Verschärfte Version: Nur die Fersen aufsetzen.

● Das Becken anheben, bis Sie die Anspannung in der Pomuskulatur deutlich spüren. Einige Sekunden halten, dann den Po langsam bis kurz vor den Boden senken. Wieder anspannen und heben, senken.

🕒 3mal 10 Wiederholungen.

Der flache Bauch

Kein Problem, wenn man seine Bauchmuskeln im Griff hat

Der Bauch ist ein dankbarer Trainingspartner. Er gehört zu den Muskelpartien, die schnell auf Gymnastik ansprechen und ihre Struktur verändern. Sie werden sehen: Es lohnt sich!

Fit für bauchfrei und Bikini

Das »Waschbrett« muß es nicht sein, das übrigens auch nur wenige junge Männer unter dem Hemd tragen. Aber ein flacher Bauch mit leicht sichtbarem Muskelansatz wirkt auch bei Frauen sehr anziehend.

So geht's

Mit Diät allein bekommt man ihn nicht. Muskelnstählen ist angesagt.

Ausdauer punktet

Täglich zehn Minuten Bauchtraining genügen. Für einen sichtbaren Erfolg kommt es vor allem auf die Ausdauer an. Die Bauchmuskeln zählen zu den »phasischen« Muskeln, die sich schnell auf-, aber auch wieder abbauen, wenn man sich auf die faule Haut legt. Da Muskeln generell erst nach etwa 12 Wochen intensiver Belastung voll aufgebaut sind, macht es wenig Sinn, sich nach zwei Monaten harten Trainings auf seinem Erfolg auszuruhen. Übertrainieren können Sie diesen Körperbereich nicht.

Drei Muskelgruppen

Der gerade Bauchmuskel verbindet Ober- und Unterkörper. Die beiden schräg verlaufenden Muskeln machen Rotation und Seitenbewegungen am Oberkörper möglich. Den tiefliegenden Muskel spüren wir hauptsächlich beim Atmen und Husten. Einzeln trainiert wird er nicht.

Gut für die Haltung

Kräftige Bauchmuskeln bieten übrigens auch gesundheitlichen Vorteil: Zusammen mit den Gesäßmuskeln richten sie das Becken auf und verhindern Haltungsfehler. Bei schwach entwickelten Bauchmuskeln kommt es häufiger zu Verspannungen und Rückenschmerzen.

info:

Trainings-Typen

Knochenbau und Fettverteilung sind erblich. Diese Grundstruktur läßt sich nicht ändern, aber man kann das Beste draus machen. Setzen Sie sich also ein realistisches Ziel, und trainieren Sie Ihrem Körpertyp entsprechend.

- Typ 1 »Athletisch«: Breite Schultern, schmale Hüften, langer Oberkörper. Muskulöser Körperbau mit wenig Körperfett, der schnell an Muskulatur zunimmt. Optimal: 3mal Ausdauer, 2mal Gymnastik pro Woche.
- Typ 2 »Leptosom«: Schmalgliedrig mit zierlichen Gelenken. Wenig Körperfett, aber auch wenig Muskelmasse. Muskeln schwer aufzubauen. Problemzonen deshalb gezielt 3mal wöchentlich trainieren.
- Typ 3 »Pyknisch«: Breiter, kräftiger Knochenbau. Häufig vermehrtes Körperfett. Nimmt schnell zu, während Muskeln sich langsam aufbauen. Häufiges Muskeltraining wichtig, am Bauch täglich.

Gerader Bauchmuskel

Body-Workout soll Spaß machen! Sonst bleibt man nicht bei der Stange. Das wäre schade um die bereits investierte Energie.

Richtig üben

- Suchen Sie sich deshalb die Übung aus, die Ihnen am besten gefällt, oder wechseln Sie öfter mal ab.
- Mit fröhlicher Musik geht's leichter und macht noch mehr Spaß.
- Wiederholen Sie anfangs jede Übung, sooft Sie können. Mindestens aber **8mal, 2 Sätze.** Mit der Zeit steigern.
- In der ersten Woche jeden zweiten Tag üben, ab der zweiten Woche täglich.

»Sätze«

Ein »Satz« ist eine Übungsfolge, die am Stück durchgeführt werden soll. Dann eine kurze Pause einlegen – und die Sequenz wiederholen.

Übungen für Anfänger

Sit-ups oder Crunch

Crunch (engl. knirschen) nennt man diese Übungen im Liegen.

- Die Beine werden aufgestellt, der untere Rücken liegt fest am Boden. Kein Hohlkreuz machen! Die Arme vor dem Körper kreuzen. Das Kinn ist etwa eine Faustlänge von der Brust entfernt. Nach oben schauen.
- Kopf und Schulterblätter vom Boden abheben, dabei die Bauchmuskeln fest zusammenziehen. Wenn Sie die Spannung im Bauch spüren, kurz halten, langsam wieder senken.

In Gebetshaltung

- Auch hier liegt man auf dem Rücken, die Beine im 90°-Winkel aufgestellt. Die Handflächen wie zum Gebet aneinanderpressen und die Oberarme nah am Körper halten.
- Spannen Sie die Bauchmuskeln an, und führen Sie die Hände langsam in Richtung Zimmerdecke. Dabei den oberen Rücken vom Boden abheben. Kurz verweilen, dann langsam zurückrollen in die Ausgangsposition.

Mit Handtuch

- Rücklings auf ein Handtuch legen, Beinstellung wie bisher. Die Ecken des Handtuchs neben dem Kopf mit den Händen fassen. Die Arme sind angewinkelt, die Ellbogen zeigen zu den Knien.
- Nun Kopf und Schultern mit Hilfe des Handtuchs heben. Der Bauch wird fest angespannt. Der untere Rücken bleibt dabei flach auf dem Boden. Erfühlen Sie Ihre Bauchmuskeln. Je härter der Widerstand, desto erfolgreicher das Training.

tip:

TRAINIEREN NACH MASS

- Üben Sie bewußt langsam, um die Muskeln optimal zu beanspruchen.
- Achten Sie auf einen gleichmäßigen Atemrhythmus. Mit der Muskelanspannung ausatmen, beim Entspannen einatmen. Bei den Bauchübungen ist die »oberflächliche« Brustatmung besser als eine tiefe Bauchatmung. So kann der Bauch eingezogen und die Muskeln können angespannt bleiben.
- Effektiv trainieren Sie, wenn sich die Bauchmuskulatur wie eine Ziehharmonika zusammenzieht: Die unteren Rippen ziehen in Richtung Beckenknochen, der Nabel wird innerlich zum Rücken hin gedrückt.
- Wichtig, wenn Sie in Rückenlage Kopf und Schultern anheben: Rücken und Nacken müssen eine Linie bilden, der Nacken soll möglichst entspannt sein. (Die Kraft kommt aus dem Bauch!) Hilfreich: Beim Üben zur Decke schauen.

tip:

Kampf dem Blähbauch!

Nicht immer ist zuviel Fett die Ursache für einen dicken Bauch. Fühlen Sie sich wie aufgepumpt um die Körpermitte, macht Ihre Verdauung Zicken. Falsches und auch zu schnelles Essen ist schuld daran, wenn zuviel Luft den Bauchraum aufbläht.

- Soforthilfe bringt Fenchel-, Anis- oder Kümmeltee. Nicht zu heiß und in kleinen Schlucken trinken. Auf gastreibende Speisen wie Hülsenfrüchte, Kohl und Zwiebeln besser verzichten.
- Durch eine Selbstmassage läßt sich die Verdauung ankurbeln: Noch im Bett morgens den Bauch seitlich vom Nabel mit den Fingerkuppen unter leichtem Druck und kreisenden Bewegungen im Uhrzeigersinn massieren. Etwa 20 Sekunden lang, maximal dreimal täglich. Dauerhafte Darmprobleme besser von einem Arzt abklären lassen. Sie könnten ernsthafte Hintergründe haben.

Übungen für Fortgeschrittene

Hochspannung für die Bauchmuskulatur ist angesagt, sobald Sie sich mit den einfacheren Übungen unterfordert fühlen. Dann tritt die zweite Workout-Waffe für einen straffen Bauch in Kraft.

Richtig üben

Auch hier gilt: Wiederholen, sooft es geht. Anfangs mindestens
8mal, 3 Sätze.
Let's start!

Profi-Sit-ups

- Die liegende Grundhaltung entspricht der Anfänger-Übung.
Allerdings werden diesmal die Füße auf die Fersen gestellt. Die Hände sind im Nacken verschränkt, die Ellbogen zeigen nach außen.
- Mit den Augen einen Punkt an der Decke fixieren, während sich die Schultern vom Boden heben und die Bauchmuskeln angespannt werden.
Unbedingt darauf achten, daß die Ellbogen nicht nach innen klappen!

Umgekehrte Crunches

- Legen Sie sich auf den Rücken. Die Arme sind seitlich neben dem Kopf ausgestreckt.
- Die Beine angewinkelt vom Boden abheben, dabei die Füße überkreuzt halten. Den Bauch fest zusammenziehen. Während sich die Knie in Richtung Brust bewegen, wird der untere Rücken vom Boden abgehoben. Langsam wieder zurück in die Ausgangsposition.

Die Kerzenposition

- In Rückenlage strecken Sie die Beine mit leicht gebeugten Knien nach oben. Die Hände liegen flach auf dem Bauch.
- Aus der Kontraktion der Bauchmuskulatur (!) heraus hebt sich der Po nur wenige Zentimeter vom Boden ab. Die Fußspitzen zielen zur Decke. Achten Sie darauf, daß die Beine in der geraden Kerzenposition bleiben und nicht kippen. Keinesfalls mit Schwung aus dem Becken arbeiten, sonst nützt es dem Bauch nichts.

tip:

Und, sieht man schon was?

Wer wissen will, wie es mittlerweile um seine Bauchmuskeln bestellt ist, kann es im Spiegel ganz leicht überprüfen:

- Aufrecht hinstellen, die Hände etwas anheben und fest zu Fäusten ballen, zugleich die Bauchmuskulatur kräftig anspannen. Dabei die Oberarme eng an den Körper drücken. Jetzt müßte ein leichtes Muskelrelief sichtbar werden.
- Diese Kurzkontraktion ist übrigens auch ein geeigneter Übungs-Quickie für zwischendurch. Im Büro, in der Warteschlange vor der Kinokasse ...

Schräge Bauchmuskulatur

Die schräge Bauchmuskulatur hilft dem geraden Muskel bei seiner Arbeit und dreht den Oberkörper. Vier Muskeln teilen sich die Arbeit.

Vier »Hilfsarbeiter«

Die beiden äußeren schrägverlaufenden Muskeln setzen jeweils am unteren Teil des Brustkorbs an und enden an der gegenüberliegenden Hüftseite.
In entgegengesetzter Richtung verlaufen die inneren schrägen Bauchmuskeln. Sie setzen an den Hüften an und kreuzen unterhalb der geraden Bauchmuskulatur zur Gegenseite bis zum Brustkorb.

Trainieren Sie bei jedem Workout für den Bauch auch die schrägen Muskeln. Nur dann werden Sie auch die unschönen Speckröllchen in der Taille los.

Richtig üben

Suchen Sie sich eine der drei Übungen aus.
Beginnen Sie mit **8mal, 2 Sätzen.**
Anzahl langsam steigern.

Über Kreuz

- Rückenlage. Die Hände sind im Nacken verschränkt. Das rechte Bein liegt ausgestreckt am Boden, das linke angewinkelt aufgestellt.
- Heben Sie bei Kontraktion der Bauchmuskulatur die rechte Schulter vom Boden, und führen Sie den rechten Ellbogen Richtung linkes Knie. Die Position kurz halten, dann zurücklegen.
- Anschließend Bein und Richtung wechseln.

tip:

3-Punkte-Konzept für einen flachen Bauch

- Wechselduschen straffen: Morgens und abends eine Minute kalt, zwei Minuten warm. Mit einem kühlen Duschstrahl aufhören.
- Zupfmassage festigt das Gewebe und beugt Schwangerschaftsstreifen vor: Zwischen Daumen und Mittelfinger die Haut zentimeterweise sanft anheben und leicht zusammendrücken.
- Auf die Haltung achten: Hängende Schultern und ein runder Rücken wölben den Bauch nach vorne. Den Bauch einzuziehen, ist nicht die Lösung, sondern sich aufzurichten. Mehr über eine gute Haltung auf Seite 27.

Auf die Knie

● Nehmen Sie sich eine Unterlage, auf der Sie bequem knien können – zum Beispiel eine Gymnastikmatte.
Der Rumpf bleibt aufrecht. Die Arme werden nach vorn ausgestreckt.

● Drehen Sie den Oberkörper zur linken Seite, und ziehen Sie die linke Hand zur rechten Ferse – so weit es geht.

● Zurück in die Grundhaltung und die Übung zur anderen Seite wiederholen. Achten Sie darauf, daß der Bauch fest angespannt wird und das Becken nach vorne zeigt.

Drehübung im Sitzen

● Sie setzen sich aufrecht auf einen Stuhl und halten in jeder Hand ein Buch. Die Arme sind zur Seite ausgestreckt. Wichtig ist, daß die Knie (am besten auch das Gesicht) während der gesamten Übung nach vorn zeigen.

● Drehen Sie den Oberkörper in der Hüfte möglichst weit nach rechts. Die Arme dabei mitnehmen. Zurück in die Ausgangsposition, dann den Oberkörper in die andere Richtung drehen.
Machen Sie die Übung in einem schnellen, rhythmischen Tempo.

Die Taille

Weg mit den »Rettungsringen«!

Wer Probleme hat mit den lästigen Speckröllchen in der Taille, sollte sich diese Übungen besonders eifrig vornehmen. Sie festigen die schräge Bauchmuskulatur unter den Partien, die als »Rettungsringe« bekannt sind. Hilfreich sind die Übungen auch bei Problemen im unteren Teil des Rückens.

Rumpfbeugen zur Seite

- Stellen Sie sich hin, Füße schulterbreit; die Arme seitlich locker hängenlassen.
- Beugen Sie den Oberkörper nach links, und ziehen Sie mit der linken Hand möglichst weit nach unten am Knie vorbei. Den Oberkörper nicht nach vorn kippen.
- Zum Aufrichten bewußt die schräge Bauchmuskulatur einsetzen.

Sie sollten beim Beugen und Aufrichten die Kontraktion der Muskeln in der linken Taillenseite deutlich spüren.

- Das gleiche zur anderen Seite.

15 Wiederholungen auf jeder Seite. Mindestens 2 Sätze.

tip:

WAS ZIEHE ICH ZUM TRAINING AN?

- Das ideale Outfit läßt genügend Bewegungsfreiheit, ohne daß es schlabbert. Baumwollshirts und Jogginghosen tun es genauso wie das schicke Aerobic-Trikot.
- Bis der Körper richtig aufgewärmt ist, eventuell noch einen dünnen Pulli überziehen und eine Wärmehose (aus dem Ballettladen). Dicke Socken halten die Füße warm.
- Wer mit Hanteln trainiert, sollte leichte Turnschuhe tragen (damit die Füße geschützt sind, falls eine Hantel hinfällt). Auch im Fitneßstudio sind Turnschuhe angesagt.

Kickboxen kopfüber

- Sie stehen breitbeinig mit seitlich ausgestreckten Armen. Die Hände sind zu festen Fäusten geballt.
- Beugen Sie den Oberkörper nach unten, und kicken Sie mit der rechten Hand zum linken Fuß und umgekehrt. Der entgegengesetzte Arm zeigt jeweils zur Decke. Beim Seitenwechsel nicht aufrichten. Den Kopf mitnehmen und immer in Richtung der Boxhand drehen.

◷ 10mal sollte jeder Fuß Handkontakt haben. Dann aufrichten und kurz pausieren. Minimum 2 Sätze.

Für Geübte: Seitenlage

- Sie legen sich auf Ihre linke Seite mit ausgestreckten Beinen, so daß der Körper eine Gerade bildet. Auf dem linken Unterarm stützen Sie sich ab. Die rechte Hand auf Hüfte oder Bauch legen.
- Den Körper so fest anspannen, daß Sie Hüfte und Beine vom Boden abheben können. Wenn Sie die Übung richtig machen, haben nur noch der linke Unterarm und die Außenkante Ihres linken Fußes Bodenkontakt. Einige Sekunden halten, leicht absenken, ohne aufzulegen.

◷ Insgesamt 8mal wiederholen, Seitenwechsel nach dem zweiten Satz.

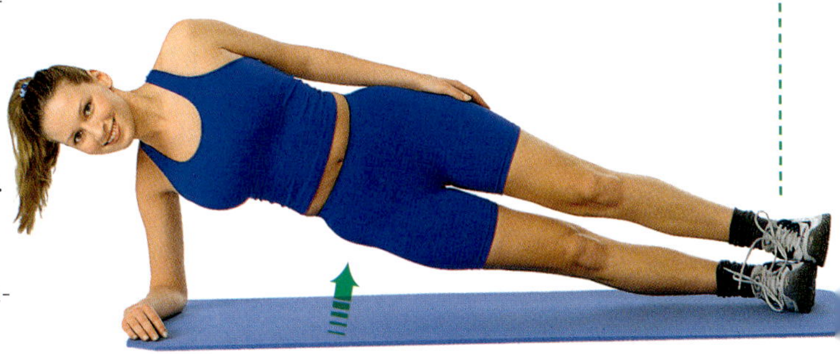

Schöne straffe Beine

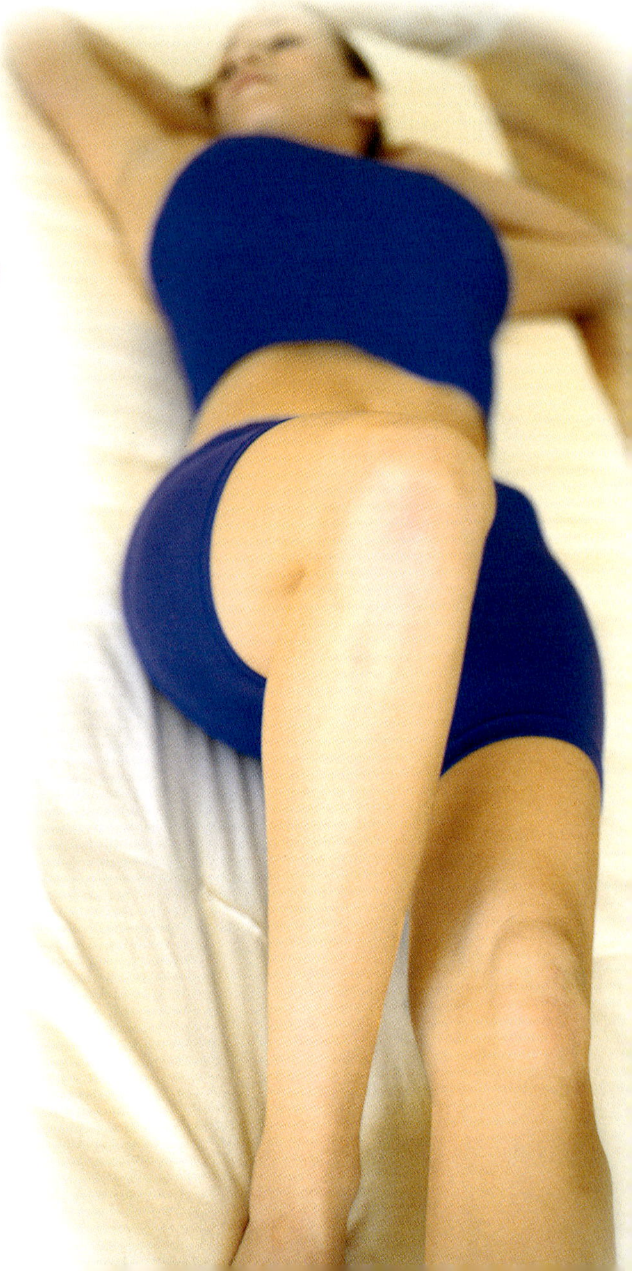

Endlich wieder Mini tragen ...

Männer halten sie für erotische Schrittmacher. Doch kaum eine Frau ist mit ihren Beinen zufrieden. Nadja Auermanns 1,21 Meter lange »Wunderwaffe« ist ein seltener Glücksfall. 80 Prozent aller Frauen bemängeln Reiterhosen, Knubbelknie und Cellulite. Dagegen läßt sich einiges tun – mit gezieltem Training.

Doofe Dellen

An Cellulite kommt fast keine Frau vorbei

Wir drücken und kneifen unsere Schenkel, drehen und wenden uns vor dem Spiegel auf der Suche nach den ersten Dellen. Sind sie da, befällt uns Panik. Was tun?

Typisch weiblich

Ursache für die Dellen ist das weichere weibliche Bindegewebe. Während beim Mann die Fasern scherengitterartig überkreuzt sind und kleinere Fettzellen umschließen, sind »weibliche« Fasern parallel und um größere Fettkammern angeordnet. Das macht das Gewebe dehnbarer, was in der Schwangerschaft nötig ist. Leider können sich auch Fett und Wasser großzügig einlagern. Je mehr weibliche Geschlechtshormone (Östrogen und Gestagen) der Körper produziert, desto mehr von beidem wird gespeichert. Die Folge ist eine Hautoberfläche, die an eine Orangenschale erinnert.

Dünne kriegen's auch

Generell begünstigt Übergewicht Cellulite. Aber auch schlanke Frauen werden nicht verschont. Schwangerschaft, Anti-Baby-Pille, Lymphstauungen, eine träge Verdauung oder mangelnde Nierenfunktion sind cellulitefördernde Faktoren. Ständiger Streß, wenig Schlaf, zuviel Alkohol und vor allem starkes Rauchen unterstützen auch bei schlanken Frauen die Bildung von Cellulite.

Das hilft wirklich!

Eine ausgewogene Ernährung in Verbindung mit gezieltem Muskeltraining kann die Dellen ausbügeln. Eine trainierte Muskulatur ist besser durchblutet. Der aktivierte Stoffwechsel kann Schlacken effektiver abtransportieren. Durch den höheren Energieverbrauch wird außerdem Fett genau an den richtigen Stellen abgebaut. Die Muskeln bekommen mehr Volumen – wiederum auf Kosten der Fettzellen. Fazit: Das Gewebe wird von innen gefestigt und fühlt sich deshalb nicht nur straffer an, sondern sieht auch so aus.

info:

DER KNEIFTEST BEWEIST ES

Ist es schon Cellulite oder noch nicht? Wenn Sie am Oberschenkel ein Stück Haut zusammendrücken, sieht das gequetschte Gewebe aus wie die Schale einer Orange. Das ist noch keine Cellulite, sondern die typische Struktur des weiblichen Bindegewebes, die unter Druck sichtbar wird. Von Cellulite spricht man erst, wenn die Haut ohne Dazutun im Stehen Dellen und Wölbungen aufweist. Zeigen sich diese sogar im Liegen, handelt es sich um ein bereits fortgeschrittenes Stadium.

Stretching
Warm-up and Cool-down

Fürs Bauchtraining ist Stretching nicht nötig. Ansonsten aber sollte man niemals mit kalten Muskeln trainieren. (Ein Auto fährt man ja auch nicht bei kaltem Motor mit Vollgas.) Muskelkater, winzige Faserrisse, Zerrungen und auf Dauer sogar Gelenkschäden sind bei ständigem »Kaltstart« vorprogrammiert. *Stretching ist ein Muß vor dem Training!*
Und als Cool-down danach hilft es den Muskeln, sich schneller zu entspannen und zu ihrer ursprünglichen Länge zurückzufinden.

Aufwärmen mit Spaß

Warm-up-Varianten für Power-Typen, denen stretchen zu lahm ist:

- Tanzen Sie sich warm zu fetziger Musik.
- Auf der Stelle so lange joggen oder hüpfen, bis Sie ins Schwitzen kommen.

Für die Dehnung der Oberschenkel-Vorderseite

- Im Stehen das rechte Bein anwinkeln, mit der rechten Hand das Fußgelenk umfassen und die Ferse möglichst eng an den Po ziehen. Die Spannung muß im vorderen Oberschenkel spürbar sein.
10 Sekunden halten.
Beine wechseln.

Für die Dehnung der Rückseite von Hüfte und Beinen

● Knien Sie sich hin, am besten auf ein Handtuch oder eine Gymnastikmatte. Ein Bein nach vorne strekken, den Fuß auf der Ferse aufsetzen. Das Knie ist nicht ganz durchgestreckt.

● Stützen Sie sich mit beiden Händen auf dem Oberschenkel des ausgestreckten Beines auf, und schieben Sie den Po so weit nach hinten, bis Sie eine deutliche Dehnung verspüren.
Der Oberkörper bleibt gerade, der Nacken lang.

🕒 10 Sekunden halten, dann die andere Seite dehnen.

Für die Dehnung der Pomuskulatur

● Rückenlage. Die Knie anwinkeln, die Füße flach auf den Boden stellen.

● Mit beiden Händen das rechte Knie umfassen und in Richtung linke Schulter drücken.

🕒 10 Sekunden halten. Dann Beinwechsel.
Nacken und Schultern bleiben stets entspannt. Ziehen darf es nur am Po.

info:

Der Bauch atmet mit

Die tiefe Bauchatmung ist beim Sport die beste Technik. (Einzige Ausnahme bildet das Bauchtraining, Seite 16). Wer tief in den Bauch atmet, gibt seinen Lungen viel Raum. So kann reichlich frischer Sauerstoff hineingepumpt und verbrauchter abtransportiert werden. Das bringt dem Körper neue Energien und Entspannung.

● Üben Sie die Bauchatmung im Liegen: Erleben Sie bewußt, wie Ihr Bauch sich beim Einatmen nach außen wölbt und beim Ausatmen wieder entspannt. Atmen Sie durch die Nase ein, und lassen Sie dann die Luft hörbar durch den Mund ausströmen.

Die Oberschenkel

Übungen für Außen- und Innenseite

Die Beinmuskulatur an der Außenseite des Oberschenkels, wo sich das »Reithosenfett« ansammelt, nennt man in der Fachsprache Abduktoren. Die Gegenspieler an der Innenseite sind die Adduktoren. Diese Muskelgruppe gut zu trainieren, ist besonders für Frauen wichtig, weil die Oberschenkel-Innenseite leicht schlaff wird. Lassen Sie diese Übung deshalb keinesfalls aus, auch wenn sie anfangs schwerfällt.

Richtig üben

Beginnen Sie pro Seite mit **12 Wiederholungen, 2 Sätze.**

Für die Abduktoren

- Legen Sie sich seitlich auf den Boden, und stützen Sie den Unterarm auf. Den anderen Arm mit der Handfläche quer zum Körper abstützen.
- Das rechte Bein so hoch wie möglich zur Seite heben, mit leicht angewinkeltem Fuß. Wieder senken.

Seitenwechsel nach dem ersten Satz.

- Wer will, kann die Abduktoren-Übung auch im Stehen durchführen. Zur besseren Balance mit der Hand an einer Wand abstützen. Beide Knie zeigen immer nach vorn.

tip:

TRAINIEREN NACH MASS

- Machen Sie die Bewegungen möglichst langsam und konzentriert. Nur dann stellt sich auch der Erfolg ein.
- Überfordern Sie sich am Anfang nicht. Der Körper gibt Ihnen deutliche Signale. Zuviel, zu häufiges und zu schnelles Training führt allerhöchstens zu Verletzungen.
- Der Rücken bleibt bei den Beinübungen gerade, die Bauchmuskeln angespannt.
- Atmen nicht vergessen. Während der Anspannung aus-, beim Entspannen einatmen.

Achten Sie bei allen drei Übungen darauf, daß Sie wirklich genau auf der Seite liegen und Ihr Gewicht weder nach vorn noch nach hinten verlagern.

Für die Adduktoren

- Ihre Position bleibt dieselbe wie bei der Abduktoren-Übung.
Nur stellen Sie nun das obere Bein vor dem Oberschenkel des unteren Beines auf.
- Das untere gestreckte Bein langsam heben und senken.

Ein Ball als Hilfsmittel

- Sie befinden sich wieder in Seitenlage. Der Kopf liegt auf dem unteren Arm. Mit der Handfläche des anderen Arms wieder vor dem Körper abstützen.
Das obere Bein liegt leicht gebeugt in Kniehöhe auf einem mittelgroßen Ball.
Das untere Bein ist ausgestreckt.
- Dieses Bein gleichmäßig heben und senken, aber nicht ablegen.
Wichtig ist, daß Sie während der Bewegung mit der Hüfte nicht nach vorn einknicken.

Die Oberschenkel

Übungen für Vorder- und Rückseite

Der vordere Oberschenkelmuskel (Beinstrecker) besteht aus vier Anteilen. Er gehört zu den meistbelasteten Muskeln unseres Körpers und ist daher auch am kräftigsten. Wir beanspruchen ihn ständig, egal ob wir stehen, gehen, laufen oder uns bücken. Sein Gegenspieler auf der Rückseite des Oberschenkels ist der Beinbeuger, im Fachjargon als Hamstrings bezeichnet. Er ist in der Regel weniger gut ausgebildet.

Richtig üben

Deshalb beim Training zuerst die Rückseite trainieren, dann vorn.

Anfangs jede Übung pro Seite 12mal wiederholen, 2 Sätze.

Für die Rückseite

- Sie stehen auf dem rechten Bein, das Knie leicht gebeugt. Das linke Bein so nach hinten ausstrecken, daß die Fußspitze den Boden berührt.
- Den Unterschenkel des linken Beines langsam nach oben ziehen, bis Sie die Spannung im Oberschenkel deutlich spüren. Wieder senken. Fällt es Ihnen schwer, in Balance zu bleiben, halten Sie sich mit den Händen an einer Stuhllehne fest.

tip:

So machen Sie eine gute Figur

Beim Gehen, Stehen und Sitzen auf die Haltung zu achten, lohnt sich schon allein wegen der Figur. Eine gute Körperhaltung läßt den Bauch flacher erscheinen, hebt den Busen und richtet zur vollen Größe auf. Deshalb: Kopf hoch (aber Kinn senken), Brust raus. Die Wirbelsäule strecken, die Schultern locker fallen lassen. Pomuskeln und Becken entspannen. Das mildert das Hohlkreuz. Für einen attraktiven, lockeren Gang im Becken entspannt bleiben, die Füße gut abrollen und leicht nachfedern.

- Die beste Übung zur Festigung des Busens und der Schultermuskulatur: In Gebetshaltung die Handflächen vor der Brust fest gegeneinanderpressen. Langsam bis acht zählen, lockerlassen. Mindestens achtmal täglich.

Hamstrings im Kniestand

- Auf den Boden knien. Die Unterarme parallel nach vorne abstützen. Ein Bein nach hinten ausstrecken, dabei muß die Fußspitze nach unten zeigen.
- Den Unterschenkel des ausgestreckten Beins langsam zum Po ziehen und wieder zurück. Nicht ablegen. Wichtig ist, daß die Hüften parallel zum Boden bleiben, während Nacken, Rücken und Bein eine Linie bilden.

Hamstrings im Liegen

- Legen Sie sich auf den Rücken. Die angewinkelten Beine werden auf den Fersen am Boden aufgesetzt. Achten Sie darauf, daß Arme und Nacken während der gesamten Übung entspannt sind.
- Heben Sie das Becken so weit an, bis Sie die Spannung in der hinteren Oberschenkelmuskulatur deutlich spüren.

10 Sekunden halten, dann im gleichen, langsamen Rhythmus wieder senken.

Für die Vorderseite

- Im Sitzen mit den Händen nach hinten auf dem Boden abstützen. Die Füße werden aufgestellt.
- Strecken Sie jeweils im Wechsel ein Bein nach vorn aus. Die beiden Knie befinden sich dabei auf gleicher Höhe.

Denken Sie daran, daß der Rücken immer gerade bleibt.

Pro Seite 20mal.

Ausfallschritt nach vorne

- Im Stehen: Aufrechte Haltung mit geschlossenen Füßen. Die Arme in Schulterhöhe seitlich ausstrecken für eine bessere Balance.

Mit dem rechten Bein einen großen Schritt nach hinten machen.

- Das hintere Bein weiter zurückschieben, bis das vordere Bein im Winkel von 90° gebeugt ist. Das hintere Knie berührt fast den Boden.
- Langsam auf den vorderen Fuß aufrichten, bis das hintere Bein fast gestreckt ist; dann das vordere Knie wieder beugen und damit das hintere zum Boden senken.

Der Oberkörper bleibt stets gerade. Das gebeugte Knie darf sich nicht über die Fußspitze schieben.

Kniebeugen mit Besenstiel

- Stellen Sie sich aufrecht hin, die Füße schulterbreit. Den Besenstiel mit beiden Händen seitlich fassen, hinter dem Nacken in Schulterhöhe halten.
Den Oberkörper leicht nach vorne neigen, der Rücken bleibt jedoch gerade.
- Langsam den Po über die Fersen nach unten senken, als wollten Sie sich auf einen Stuhl setzen – so weit es geht.
- Dann wieder zurück in die Grundstellung.

info:

3-Punkte-Konzept für schöne Beine

- Tägliche Rollmassage wirkt gegen Cellulite: Mit beiden Händen ein Stück Haut zwischen Daumen und Zeigefinger leicht zusammendrücken und etwa einen Zentimeter weiter nach oben schieben. Die nächste Partie fassen, bis der gesamte Oberschenkel von den Knien aufwärts durchgewalkt ist.

- Tiefenwirksame Spezial-Cremes für die Beine helfen, Zellstoffwechsel und Lymphfluß zu aktivieren, und regen die Durchblutung an. Zu den »beinfreundlichen« Wirkstoffen gehören Efeu, Roßkastanie, Ruskus, Coffein, Guarana, Gingko, Silicium.

- Sauna und Dampfbad: Schlankschwitzen kann man sich nicht, doch der Wechsel von Warm und Kalt wirkt sich positiv auf cellulitisches Gewebe aus. Die verstärkte Durchblutung sorgt für einen besseren Stoffwechsel im Gewebe. Über die Poren werden vermehrt Schlackenstoffe ausgeschieden.

Beintraining mit dem Gummiband

Rubber- oder Physioband nennen sich (je nach Hersteller) die Gummibänder, die den Muskeln gehörig einheizen. Die Stretchbänder gibt es inzwischen in vielen Sportgeschäften in unterschiedlichen Stärken und Längen, sogar von der Rolle, zu kaufen.

Steigert den Effekt

Trainiert wird gegen den Widerstand des Gummis. Das erschwert die Übungen und steigert die Effektivität.

Richtig üben

- Die Übungen sind als Alternative zu den anderen Beinübungen gedacht – für alle, die lieber mit »Gerät« trainieren.
- Das Gummi so anlegen, daß es von vornherein leicht gespannt ist.

Kein Grund zu verzweifeln, wenn Sie am Anfang nicht die vorgeschlagene Anzahl Wiederholungen erreichen. Bleiben Sie dran! Schon nach wenigen Wochen klappt es, und an der Figur sieht man es auch.

12 Wiederholungen, 2 Sätze
pro Seite zum Start.

Langsam steigern – mit der passenden Gummistärke

- Anfänger beginnen mit einem leichten Rubberband. Trainieren Sie mindestens 2mal pro Woche damit. Hat sich Ihr Fitneß-Level gesteigert, erhöhen Sie die Übungsanzahl auf 3 Sätze à 12 bis 20 Wiederholungen.

- Fortgeschrittene starten auch mit dem leichten Band: 2 Sätze à 20 Wiederholungen. Steigern auf 3 Sätze à 24 Wiederholungen.
Dann ein Gummiband mit höherem Widerstand benutzen.

Sidelift für außen

Entspricht der Abduktorenübung auf Seite 24.

- Stellen Sie sich hüftbreit hin, die leicht gebeugten Knie weisen geradeaus. Zur besseren Balance stützen Sie sich mit der linken Hand gegen eine Wand.
- Legen Sie das an den Enden zusammengeknotete Gummiband um die Fesseln. Ziehen Sie gegen den Widerstand das Bein zur Seite.

Sidelift für innen

Entspricht der Adduktorenübung auf Seite 25.

- Um die Oberschenkel-Innenseite (Adduktoren) zu trainieren, behalten Sie die Grundstellung bei.
- Diesmal kreuzt das gestreckte Bein vor dem Körper. Die Ferse gibt die Richtung an, der Fuß ist leicht angewinkelt. Arbeiten Sie wieder gegen den Widerstand des Bandes.

Oberschenkel-Vorderseite

Entspricht der Übung im Sitzen auf Seite 28.

- Mit den Händen nach hinten auf dem Boden abstützen. Die Füße aufstellen. Legen Sie das verknotete Gummiband um die Fesseln.
- Strecken und beugen Sie jeweils ein Bein möglichst langsam und gleichmäßig. Knie bleiben auf gleicher Höhe, Rücken gerade. Das Gummiband muß immer straff gespannt bleiben.

Oberschenkel-Rückseite

Entspricht der Übung auf Seite 26.

- Sie stehen aufrecht, Füße hüftbreit, Hände in die Taille gestützt. Das Gummiband wird um die Fesseln gelegt und sollte gespannt sein.
- Heben Sie den rechten Unterschenkel nach hinten an, bis er parallel zum Boden ist. Wieder senken. Kontrollieren Sie Ihre Haltung am besten frontal im Spiegel: Der angehobene Fuß sollte genau hinter dem Knie verschwinden. So wird das Knie nicht verdreht.

Laufen Sie Ihrem Figurproblem einfach davon!

Ideal für die Problemzonen ist Power-Walking: Obwohl lange nicht so schweißtreibend wie Joggen, wirkt es trotzdem viel effektiver.

Um seinen Body nach Maß zu stylen, genügt es nicht, ausschließlich Fatburner-Übungen zu machen. Sie müssen Ihren Fettstoffwechsel durch zusätzliches Ausdauertraining ankurbeln. Ideal sind Laufen, Schwimmen, Radfahren.

»Aerobes« Training

Früher glaubte man, je mehr man sich dabei auspowert, desto mehr Fett wird abgebaut. Falsch! Um Fett zu verbrennen, benötigt der Körper eine ausreichende Menge an Sauerstoff. Die kann er nur bei gemäßigtem Bewegungstempo aufnehmen. Man nennt dies ein aerobes Training (griechisch *aer* = Sauerstoff). Hetzen wir völlig außer Atem die Treppe hoch, ist das zum Beispiel eine anaerobe Belastung. Es kommt im Körper zu Sauerstoffmangel, bei dem nur Kohlenhydrate in Form von Glucose (Traubenzucker) verbraucht werden, aber kein Fett.

Ideal: Power-Walking

Optimal für die Figur ist eine Ausdauersportart, die Kreislauf und Stoffwechsel aktiviert und speziell die Muskulatur an Oberschenkel, Hüfte und Po beansprucht. Power-Walking ist dafür genau das Richtige. Beim schnellen Gehen werden die Problemzonen spürbar stärker strapaziert als beim Joggen, die Gelenke dagegen geschont.

Richtig üben

Das optimale Training für die Figur sollte so aussehen:

- Ein- bis zweimal pro Woche Fatburner-Gymnastik, außerdem **zwei- bis dreimal mindestens 30 Minuten walken –** damit der Körper tatsächlich die Fettreserven angreift und in Muskeln umwandelt.

Die richtige Walking-Technik

- Power-Walking ist schnell gelernt. Man geht in großen, schnellen Schritten. Dabei werden die Füße vollständig von der Ferse bis zu den Zehen abgerollt.
- An der Kopf- und Armhaltung erkennt man den Profi-Walker: Er schwingt bei gebeugten Ellbogen die Arme stärker mit als beim normalen Gehen. Das Kinn ist nicht nach vorne gereckt, sondern leicht zum Brustbein hin gesenkt.

Laufen nach Maß

Wir wissen inzwischen, daß der Körper nur dann Fett abbaut, wenn man im aerobischen Bereich Sport treibt. Aber wie stellt man fest, wann die optimale Belastungsintensität erreicht ist?

- Eine Faustregel heißt: Beim Ausdauertraining muß man sich problemlos unterhalten können, ohne nach Luft japsen zu müssen.

Besser ist es, sich nach der eigenen Herzfrequenz, also dem Pulsschlag zu richten.

- Die einfache Belastungsformel lautet *»220 minus Ihr Alter«*. Das ist Ihre maximale Herzfrequenz (MHF), die Sie beim Ausdauertraining erreichen dürfen. Um nun den Fettstoffwechsel optimal anzukurbeln, dürfen Sie nur *bei etwa 65 Prozent der Maximalfrequenz* trainieren. Allerdings trifft diese Formel nicht immer zu, weil sie die Kondition des einzelnen nicht berücksichtigt.
- Die exakteste Möglichkeit, seinen idealen Pulsschlag zu ermitteln, bietet eine Kontroll-Uhr am Handgelenk (Sportgeschäft, ab 200 DM): In einem elastischen Gurt, der beim Training um den Brustkorb gelegt wird, ist ein Sender integriert; er registriert die Signale Ihres Herzens und gibt die Daten an die Kontroll-Uhr weiter. Sie errechnet Ihren idealen Trainingspuls und zeigt Ihre Herzschläge pro Minute an.

Was braucht man dazu?

Bequeme Fitneßklamotten oder einen Jogginganzug. Wichtig sind gute Laufschuhe mit Fußbett und hochgezogener Sohle. Spezielle Walkingschuhe haben niedrigere, abgeschrägte Absätze, die die Schritte stark abfedern.

info:

BIN ICH ZU DICK?

Umfangmessen deprimiert ebenso wie tägliches Wiegen und sagt wenig über den Körper aus (siehe Seite 45). Wer es genau wissen will: Eine Körperfettanalyse beim Sportarzt oder einem Personal Trainer machen lassen.

Auf einer speziellen Körperfettwaage und durch die Messung der Hautfaltendicke mittels Spezialzange läßt sich der prozentuale Anteil an Körperfett ziemlich genau feststellen und Übergewicht ermitteln.
Frauen dürfen circa 25 Prozent Körperfett haben, Männer etwa 18 Prozent.

Ein knackiger Po

So wird die Kehrseite zum Kurvenstar

Wir selbst kriegen unseren Po nur selten zu Gesicht. Dafür richten 85 Prozent der Männer gerne ihren Blick auf einen Frauen-Po. Da macht es sich gut, wenn er straff ist und nichts schwabbelt.

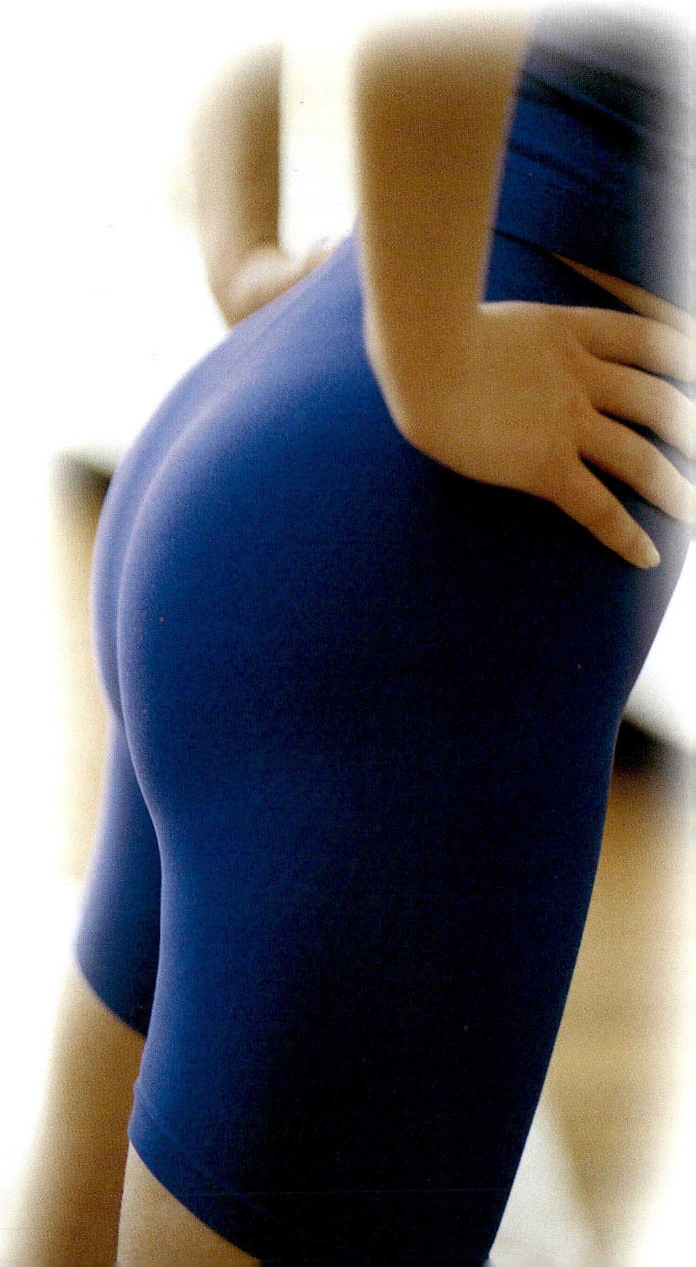

Vom Knackpunkt zum Knack-Po

Der Po ist wie geschaffen für Probleme. Er besteht aus üppigem Fettgewebe, das ohnehin schlechter durchblutet ist. Das Bindegewebe ist weich und dehnungsfähig wegen der parallel angeordneten Stützfasern (Seite 21). In Verbindung mit aufgeblähten Fettzellen stellt sich am Po häufig Cellulite ein. Unter der mehr oder weniger dicken Fettschicht liegt der größte Muskel des Körpers, auf dem wir es uns nur allzu gerne bequem machen. Doch ohne Training verkümmert die Muskulatur, und der Po erliegt eines Tages der Schwerkraft: Er hängt.

Effektive Fitmacher

Unsere Kehrseite ist kein anspruchsvoller Trainingspartner. Schon simples Spazierengehen ist ein sehr effektiver Po-Fitmacher.

- Nicht gemütliches Schlendern ist gemeint, sondern zügiges Gehen. Mit viel Schwung jeden Schritt über die Fußballen einleiten, dabei bewußt den Po anspannen.
- Gehen Sie zu Fuß, wann immer es möglich ist. Auch Treppensteigen strafft das Gewebe, deshalb am besten ab sofort Fahrstühle meiden.
- Jederzeit und überall läßt sich das Gesäß unsichtbar für die Umwelt mit einer einfachen isometrischen Übung trainieren: Die Pobacken kräftig zusammenkneifen, ohne den Atemrhythmus zu verändern. Die Spannung einige Sekunden halten.

info:

Was dem Bindegewebe schadet

- Zuviel Sonne ist der ärgste Feind. UV-Strahlen im Übermaß regen die Bildung von Freien Radikalen an. Diese aggressiven Killer-Moleküle fügen dem Bindegewebe meist irreparable Schäden zu. Schützen Sie deshalb Ihre Haut mit hohem Lichtschutzfaktor.
- Starke Raucher brauchen doppelt soviel Vitamin C wie Nichtraucher. Auch Nikotin setzt massenweise Radikale frei und entzieht dem Körper wichtiges Vitamin C, das am Aufbau der kollagenen Fasern im Bindegewebe beteiligt ist.

Gezieltes Training

Ob Apfel oder Birne, ob rund oder flach – die Grundform des Pos läßt sich nicht verändern, weil sie genetisch festgelegt ist. Bei einem breit gebauten Becken wird man kaum einen kleinen, runden Po haben. Mit Hungerkuren bringt man ihn höchstens vollends aus der Fassung, weil das Gewichts-Pingpong die elastischen Fasern des Bindegewebes überfordert. Gezieltes Fitneßtraining sorgt dafür, daß Fett abgebaut wird und das Gewebe fest und straff bleibt. Somit die einzige Möglichkeit, den Po in Top-Form zu bringen.

Die Po-Muskeln

Ein starkes Trio

Alle drei Gesäßmuskeln setzen am »Großen Rollhügel« nahe der senkrechten Po-Falte an. Man unterscheidet: kleiner, mittlerer und großer Gesäßmuskel. Letzterer formt den Po und ist der kräftigste Strecker des Hüftgelenks. Zusammen mit dem geraden Bauchmuskel nimmt er auf die Beckenstellung Einfluß. Die beiden kleineren Po-Muskeln sind an allen Bewegungen des Oberschenkels beteiligt, außer zur Mitte hin. Äußerst wichtig sind sie zur Stabilisierung des Hüftgelenks, sobald ein Fuß mit dem Boden Kontakt hat. Sie verhindern, daß der Oberkörper zur Seite kippt.
Ein gut trainierter Po ist deshalb nicht nur optisch von Vorteil.
Jeden zweiten Tag 10 Minuten Muskelübungen für die Kehrseite sind gut investiert.

Po-Heben in Rückenlage

- Flach auf den Rücken legen. Der Kopf bleibt die ganze Zeit am Boden. Legen Sie die Arme neben den Körper, und stellen Sie die Beine angewinkelt auf.
- Das Becken anheben, bis Oberschenkel und Rumpf eine Gerade bilden. Den Po fest zusammenkneifen und bis zehn zählen.
Dann langsam wieder hinlegen.

Beginnen Sie mit 20 Wiederholungen und 2 Sätzen.

tip:

Trainieren nach Maß

- So atmen Sie bei den Übungen richtig: In der Anspannungsphase die Luft mit dem Bauch kräftig rauspressen, beim Entspannen die Lungen bis tief in den Bauch mit Luft füllen.
- Je langsamer und konzentrierter die Bewegungen ausgeführt werden, desto größer der Effekt. Nie mit Schwung arbeiten!
- Bei Übungen in Bauchlage oder im Vierfüßlerstand das »aktive« Bein nicht zu hoch heben. Sonst riskiert man eine Überbelastung der Wirbelsäule.

Lift-up für Fortgeschrittene

Erscheint Ihnen die vorige Übung zu einfach, probieren Sie die Power-Variante:

- Grundstellung wie zuvor.
- Strecken Sie diesmal das rechte Bein senkrecht nach oben. Dabei den Po heben und fest anspannen. Das Becken nicht kippen. 10 Sekunden in dieser Position ausharren, dann langsam wieder zurückgehen.

⏲ 20mal, dann das gleiche mit dem anderen Bein. 2 Sätze.

Beinstrecken nach vorne – für Fortgeschrittene

Ähnlich anspruchsvoll ist diese Übung:

- Rückenlage. Ein Bein ist aufgestellt. Das andere wird ausgestreckt leicht angehoben. Es muß exakt in dieser Höhe parallel zum Boden gehalten werden.
- Drücken Sie das Becken nach oben, ohne die Hüften zu kippen. Pobacken fest zusammenpressen, 10 Sekunden halten und langsam wieder senken.

⏲ 15 Wiederholungen, 2 Sätze.

Po-Gym in Bauchlage

- Legen Sie sich entspannt auf den Bauch. Die Stirn ruht auf den verschränkten Armen, dadurch bleibt der Nacken gerade. Die Beine sind lang ausgestreckt. Wer zum Hohlkreuz neigt, schiebt sich ein zusammengerolltes Handtuch unter den Bauch.
- In ständigem Wechsel zuerst das eine, dann das andere Bein gestreckt langsam anheben. Immer nur so weit senken, daß die Fußspitze den Boden leicht berührt, dann sofort wieder heben. So bleibt die Spannung erhalten.

Pro Seite 10mal, 2 Sätze.

Vierfüßlerstand

- Auf den Boden knien, Hände abgestützt, Ellbogen leicht gebeugt (noch besser: auf den Unterarmen abstützen). Ein Bein nach hinten ausstrecken und um 90° anwinkeln. Der Rücken ist gerade und bildet eine Linie mit dem Kopf. Das Gewicht ist auf beide Arme verlagert.
- Das angewinkelte Bein langsam anheben, bis sich das Knie auf gleicher Höhe mit dem Po befindet. Die Kraft kommt dabei aus dem Gesäßmuskel.
- Knie senken bis kurz vor den Boden und erneut heben.

10 Wiederholungen pro Seite, 2 Sätze.

Kniebeuge an der Tür

● Sie nehmen eine geöffnete Zimmertür zwischen Ihre hüftbreit gestellten Füße. An den Türgriffen halten Sie sich gut fest.
Lehnen Sie sich so weit nach hinten, daß Ihr Schwerpunkt hinter Ihren Fersen liegt.
Die Arme durchstrecken, den Oberkörper geradehalten.

● Den Po immer weiter absenken, als würden Sie sich auf einen Stuhl setzen.

● Langsam wieder aufrichten und erneut in die Knie gehen.

🕒 12 Wiederholungen, 2 Sätze.

info:

3-Punkte-Konzept für einen strammen Po

● Das schmirgelt die Haut glatt und strafft:
Grobes Meersalz mit einem Schuß Body-Öl zu einem zähen Brei vermischen. Auf dem Po sanft kreisend mit den Händen verstreichen, anschließend abduschen.

● Eine Massage, die gegen Orangenhaut wirkt:
Zeige- und Mittelfinger quer unter den Po legen. Mit Druck die Finger entlang der Pofalte nach oben streichen, dann direkt daneben neu ansetzen. So den gesamten Po Bahn für Bahn ausstreichen, bis zur Hüfte und wieder retour. Jeden Tag einmal durchführen.

● Glattmacher sind vitaminreiche Hautöle mit Zitrusessenzen, die man am besten täglich einmassiert. Auch Spezialprodukte gegen Cellulite können zur Hautstraffung beitragen, indem sie die Durchblutung verbessern. Einfach wegcremen kann man Orangenhaut jedoch nicht (Seite 21)!

Po-Training mit dem Gummiband

Auch für den Po läßt sich das Stretchband (Seite 30) effektiv einsetzen, um die Übungen zu intensivieren. Außerdem ist es so klein, daß es in jede Tasche paßt und so auch auf Reisen ein allzeit verfügbarer Trainingspartner ist.

Richtig üben

- Wer Abwechslung braucht, übt einen Tag mit Gummiband, den nächsten ohne.
- Am effektivsten trainiert man mit zwei Bändern gleichzeitig, weil dann beide Körperhälften im Wechsel beansprucht werden. Außerdem spart es Zeit.

Vierfüßlerstand mit Duo-Band

Für diese Übung braucht man zwei Stretchbänder. Die richtige Länge: Zusammengeknotet sollte jedes Band – straff, aber nicht voll gedehnt – vom Boden bis zur Taille reichen.

- Sie knien im Vierfüßlerstand, die Arme sind durchgestreckt. Legen Sie je ein verknotetes Band um jede Fußsohle. Das Ende der Schlaufe halten Sie jeweils in der Hand derselben Seite.
- Das rechte Bein nach hinten ausstrecken, bis nur noch die Zehenspitzen den Boden berühren. Mit angewinkeltem Fuß dieses Bein so weit anheben, daß es mit dem Rücken eine Gerade bildet. Po-Muskel fest anspannen. Kurz halten.
- Zurück in die Ausgangsstellung, dann Seitenwechsel.

Pro Bein 8mal, 2 Sätze.

Press-up im Stehen

- Aufrecht stehen, Füße hüftbreit. Legen Sie ein Band so geknotet um die Fesseln, daß es sich in Spannung befindet.
- Bauch- und Po-Muskulatur anspannen, dann ein Bein gestreckt nach hinten ziehen. Bis 10 zählen und langsam wieder zurück in die Ausgangsposition.
- Dann das andere Bein.

Pro Seite 10mal, 2 Sätze.

Stretching zum Abschluß

Entspannung für den Po

Gerade nach dem Gesäßmuskeltraining tut eine Dehnübung richtig gut.

- In Rückenlage beide Knie so weit wie möglich zur Brust heranziehen. Die Hände umfassen die Schienbeine, die Füße sind entspannt. In der Po-Muskulatur soll es leicht ziehen.
- Halten Sie die Position etwa 20 Sekunden, wobei Sie ruhig und gleichmäßig atmen.

Nach kurzer Pause die Übung wiederholen.

info:

MUSKELKATER – MUSS DAS SEIN?

Wenn die Muskeln nach dem Training schmerzen, ist das nicht als Beweis zu werten, daß man sich besonders effektiv geplagt hat.
Ein Muskelkater entsteht durch winzigste Muskelfaserrisse, die durch die ungewohnte, körperliche Belastung hervorgerufen werden. Er tritt oft erst Stunden später auf und sollte maximal nach drei Tagen wieder abgeklungen sein.
Wer eher untrainiert ist, wird zu Anfang mit Sicherheit leichte Muskelschmerzen spüren. Nach zwei Wochen regelmäßigen Trainierens sollte man keinen Muskelkater mehr bekommen.

- Wichtig: Das Übungspensum nicht zu schnell erhöhen!
- Stretching-Übungen (Seite 22) beugen Muskelkater vor!
- Wohltuend nach anstrengendem Training wirkt auch ein Vollbad mit entspannendem Zusatz.

Wenn Sie im Fitneß-Studio trainieren wollen

Ob Sie im Studio oder zu Hause trainieren, die Wirkung bleibt die gleiche.
Auf die Regelmäßigkeit und das Durchhaltevermögen kommt es an.
Das Training an Kraftmaschinen im Studio eignet sich für alle, die gern mit Technik umgehen und unter Gleichgesinnten die beste Motivation finden.

Spaß ist wichtig

Leichter bei der Stange bleiben Sie außerdem, …

- wenn Sie ein Training wählen, das auch Spaß macht.
- wenn Sie den Besuch des Fitneßstudios fest in den Alltag einplanen.
- wenn Sie sich mit Freunden zum Training verabreden.
- wenn Sie nicht in langweilige Routine verfallen, sondern Ihre Übungen variieren.

Das A und O: individuelle Beratung!

Für jede Muskelpartie gibt es geeignete Geräte, die Sie sich zu Beginn unbedingt von einem Trainer genau erklären lassen sollten. Fragen Sie ihn auch, wie oft Sie üben müssen und mit wieviel Gewicht Sie das entsprechende Gerät beladen sollen, um Ihr Trainingsziel (Problemzonen straffen) zu erreichen.

Im folgenden die wichtigsten Übungen an Geräten, die Sie in jedem Studio finden.

Für den Bauch gibt es keine speziellen Geräteübungen. Aber für Beine und Po ist die Auswahl groß.

Bodybuilding für die Beine

Vordere Oberschenkelmuskulatur

- Auf der »Beinstrecker«-Maschine sitzt man und hält sich seitlich an den Griffen fest.
- Beim Ausatmen mit beiden Unterschenkeln die Gewichtstange nach oben drücken. Ohne Pause langsam wieder senken und dabei einatmen.

Hintere Oberschenkelmuskulatur

- Beim »Beinbeuger« liegt man mit dem Bauch flach auf der Bank.
- Die Fersen ziehen die Gewichtstange in Richtung Po. Dabei ausatmen.
- Mit dem Einatmen das Gewicht langsam wieder sinken lassen, ohne abzulegen. Sofort weitermachen.

tip:

TRAINING IM FITNESS-STUDIO

Effektiv ist es, zwei- bis dreimal pro Woche an Kraftmaschinen zu trainieren. Dazwischen sollten jeweils 48 Stunden Pause liegen, damit sich die vom Bodybuilding stark beanspruchten Muskeln regenerieren können. Ganz wichtig: Gewicht und Wiederholungen sollten individuell passen – lassen Sie sich im Studio dazu genau beraten. Und das nicht nur beim ersten Mal, damit auch Ihre Fortschritte berücksichtigt werden.

- Legen Sie am Anfang lieber weniger Gewichte an den Kraftmaschinen auf, und machen Sie dafür die Übungen öfter.
- Optimal sind drei Sätze mit je 20 Wiederholungen. Zwischen den Übungsblöcken kurze Pausen einlegen.
- Auch wenn Sie später das Training intensivieren möchten: Mehr Wiederholungen sind wirksamer als mehr Gewicht!
- Auch fürs Bodybuilding gilt: Niemals mit kalten Muskeln trainieren. Immer zuerst mit Dehnübungen (Seite 22) oder Cardiotraining (auf dem Fahrrad oder Stepper) aufwärmen.

Oberschenkel-Innenseiten

- An der »Adduktoren«-Maschine werden durch langsames Öffnen und Schließen der Beine die beiden Polster mit den Knien zusammengepreßt und wieder lockergelassen.

Mit der Muskelanspannung (Schließen der Beine) kräftig ausatmen, beim Entspannen (Öffnen der Beine) einatmen.

Oberschenkel-Außenseiten

- Beim »Abduktoren«-Gerät drückt man durch Spreizen der Beine (ausatmen) die beiden Polster mit den Knien nach außen.

Die Beine möglichst weit öffnen, dann gleichmäßig und ebenso langsam wieder schließen (einatmen).

Bodybuilding für den Po

Po-Straffer im Stehen

● Bei der »Hip Extension« lehnt sich der Oberkörper nach vorne gegen ein Polster. Davor befinden sich Haltegriffe für die Hände. Po- und Bauchmuskeln kräftig anspannen.

● Die Gewichtsstange wird mit der Rückseite des Oberschenkels so weit wie möglich nach oben bewegt. Das Bein ist dabei leicht angewinkelt.

Beinpresse im Sitzen

● Damit der Rücken gerade bleibt, sitzt man bei der »Leg Press« auf einem Sitz mit leicht schräggestellter Lehne.

● Die Gewichte werden mit den Beinen über eine Plattform nach vorne weggestemmt. Dabei die Knie nie voll durchdrücken.

● In der Entlastungsphase die Beine nur so weit an den Körper heranziehen, daß die Spannung etwas nachläßt. Auf einen harmonischen Rhythmus achten und nicht mit Schwung arbeiten.

Radeln im Liegen

● »Crossrobic« heißt das Gerät, das an ein Liegefahrrad erinnert. Die liegende Position verhindert Fehlhaltungen beim Training.

● Während der Rücken gerade auf einem schrägen Polster liegt, bewegen die Füße wie beim Fahrradfahren zwei Pedale und drükken dabei die Gewichte.

info:

BEIM TRAINING VIEL TRINKEN – AUCH OHNE DURST!

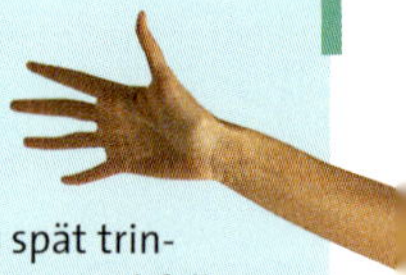

Warten Sie mit dem Griff zur Flasche nicht erst, bis Ihr Mund völlig ausgetrocknet ist. Wenn Sie zu spät trinken, kommt es durch den Schweißverlust zum Leistungsabfall.

● Am besten trinkt man bereits zwei Stunden vor jedem Workout einen halben Liter stilles Wasser.

● Zum Training eine wassergefüllte Radlerflasche mitnehmen. Isotonische Sportgetränke sind ebenfalls als Durstlöscher geeignet. Cola, Limonade und Eistee meiden, weil sie viel Zucker enthalten. Dadurch verliert der Körper Wasser, anstatt es zu speichern.

● Gönnen Sie sich nach dem Sport einen leckeren Energy-Drink:

100 g Kefir, den *Saft einer Orange* und *etwas Vanillepulver* im Mixer verquirlen (100 Kalorien).

oder

150 g Karotten schälen und raspeln, mit *300 ml Gemüsesaft*, *1 Teel. Weizenkeimöl* und *1/2 Bund Petersilie* im Mixer pürieren (150 Kalorien).

Ich darf so bleiben, wie ich bin ...

Body & Soul

Genausowenig wie in der Kunst und in der Mode gibt es für die Figur ein streng definiertes Schönheitsideal. Jeder Körper hat seine individuelle Grundstruktur, die in den Genen verankert ist. Figurtrends unterliegen dem Zeitgeschmack und können keine Norm vorgeben.

Ziel dieses Buches ist es darum auch, das Beste aus dem zu machen, was Sie von der Natur mitbekommen haben. Denn viel wichtiger als Modelmaße ist Ihr eigenes Wohlbefinden. Ernährungswissenschaftler sprechen deshalb auch längst nicht mehr vom »Idealgewicht«, sondern vom »Wohlfühlgewicht«.

Einfach zum Wohlfühlen

Nur wer ein gutes Körpergefühl hat und sich in seiner Haut rundum wohlfühlt, strahlt Attraktivität aus und besitzt das gewisse Etwas. Diese Schönheit läßt sich nicht in Zentimetern messen. Daher ist es kein Grund zur Resignation, wenn Ihre Figur nicht ideal »gebaut« sein sollte. Denn Sie können Ihren Körper gut in Schuß halten (ganz ohne sich zu quälen) – mit Hilfe von Gymnastik, Ernährung, Schönheitspflege und ein bißchen Disziplin.

Mit dem Körper, nicht gegen ihn

Akzeptieren Sie dabei die Grenzen Ihres Körpers, und gehen Sie liebevoll mit sich um. Schließlich geht es nicht darum, gegen den eigenen Körper für ein abstraktes Schönheitsideal zu arbeiten, sondern mit ihm für eine verbesserte Bodyfitneß und seelisches Wohlbefinden.

Haben Sie erstmal Ihre Trägheit überwunden, steigt im Nu das Selbstwertgefühl, und Sie werden mit einer ganz neuen Einstellung zu sich selbst belohnt.

Klar macht es Spaß, wenn die Waage »stimmt«, aber wichtiger als alles Messen ist ein gutes Körpergefühl!

Gesucht – gefunden

Buchtips

Body-Workout für alle, die weitermachen wollen

Cramm, Dagmar von: *Fit und in Form nach dem Baby;* Gräfe und Unzer Verlag, München
Pinckney, Callan: *SuperCallanetics;* Mosaik Verlag, München
Schulz, Hans: *Bodybuilding;* CoPress Verlag
Wade, Jennifer: *Personal Training;* Südwest Verlag, München
Wilhelm, Gudrun: *Fitneß und Spaß mit Ball und Band;* Gräfe und Unzer Verlag, München

Essen, das schlank macht

Bücher aus dem Gräfe und Unzer Verlag, München:

Abnehmen leicht gemacht – in 14 Tagen;
Bachmann, Robert M.: *Abnehmen mit Säure-Basen-Diät;*
Bachmann, Robert M.: *Vitalkur für den Darm;*
Bohlmann, Friedrich: *Schlank und fit ohne Diät;*
Cramm, Dagmar von: *Beauty food. Natürliche Schönheit für Haut und Haare;*
Das große GU Trennkostbuch. Für immer schlank;
Das große GU Low-Fat-Buch;
Döpp, Elisabeth u.a.: *Low fat für Genießer;*
Grillparzer, Marion: *Fatburner. So einfach schmilzt das Fett weg;*
Low Fat! Mit Genuß zum Wunschgewicht;
Pospisil, Edita: *Mittelmeerdiät. Gesund genießen, länger leben;*
Schinharl, Cornelia: *Vegetarische Mittelmeerküche;*
Sesterhenn, Birgit: *Entschlacken 1mal pro Woche;*

Mehr zum Thema Schönheit von der Autorin

Rüdiger, Margit: *Faltenfrei. Lifting ohne Messer;* Gräfe und Unzer Verlag, München
Rüdiger, Margit: *Die perfekte Figur;* Bassermann Verlag

Sachregister

Über die Autorin

Margit Rüdiger, geboren 1955 in München, hat sich seit vielen Jahren als Journalistin und Buchautorin auf Beauty- und Fitneß-Themen spezialisiert. Sie schreibt unter anderem für Frauenzeitschriften wie *Madame, Elle* und *Marie Claire* und hat bereits mehrere Schönheits-Ratgeber veröffentlicht. Seit ihrem 20. Lebensjahr macht sie selbst regelmäßig Bodytraining.

Wichtiger Hinweis

Die Ratschläge des vorliegenden Buches wurden sorgfältig recherchiert und haben sich in der Praxis bewährt. Alle Leserinnen und Leser sind jedoch aufgefordert, selbst zu entscheiden, ob und inwieweit sie die Anregungen aus diesem Buch umsetzen wollen. Autorin und Verlag übernehmen keine Haftung für die Resultate.

Bildnachweis

Fotos, einschließlich Titelbild: Tom Roch
Styling: Julia Schlotke

Weitere Fotos:
IFA-Bilderteam: Seite 4 (J.Heron); Mauritius: Seite 42; Stock Market: Seite 2, 7 (Ariel Skelley), 32 (Michael A.), 45 (Michael Keller)

Impressum

Projektleitung:
Angela Hermann-Heene
Redaktion und Gestaltung:
Felicitas Holdau
Umschlag- und Innenlayout:
Heinz Kraxenberger
Herstellung:
Susanne Mühldorfer
Lithos: Fotolito Longo, Bozen
Druck/Bindung: Alcione, Trento

ISBN 3-7742-4331-x

Auflage	5.	4.	3.	2.	1.
Jahr	03	02	01	00	99